Gracias a **Françoise,** que nos ayudó
a empezar bien el proyecto.
Gracias a **Danielle,**
¡tan servicial que es irresistible!

© Éditions de la Martinière Jeunesse, París, Francia, 1998
Título original: La Maison des Animaux
© de la edición castellana: EDITORIAL JUVENTUD, S. A., 2008
Provença, 101 - 08029 Barcelona
info@editorialjuventud.es
www.editorialjuventud.es
Traducción de Christiane Reyes y Teresa Farran
Primera edición, 2008
Depósito legal: B. 40.328-2008
ISBN 978-84-261-3707-4
Núm. de edición de E. J.: 12.084
Printed in Spain
Ediprint, c/ Llobregat, 36, Ripollet (Barcelona)

Didier Jean y Zad

LA CASA DE LOS ANIMALES

editorial juventud

Barcelona

ÍNDICE

Las palabras seguidas de un asterisco figuran en el léxico.

LOS ANIMALES QUE SECRETAN

LOS ANIMALES QUE RECOGEN

LOS ANIMALES QUE CONSTRUYEN

LA CASA DE LOS ANIMALES

MUCHOS ANIMALES construyen sus casas con el solo fin de criar a sus pequeños. Otros lo hacen para protegerse de sus depredadores, del frío o del calor. Mientras que la mayoría de los animales utilizan los materiales que encuentran a su alrededor, otros, como la abeja, llegan a producir sustancias para construir su morada. Pero, se trate del hormiguero, del nido del tejedor o de la cabaña del castor, todos esos hábitats son impresionantes, ¡hasta el punto de inspirar a nuestros arquitectos! Esta pericia que existe desde tiempos inmemoriales, es digna de admiración. ¡Aprendamos, pues, a respetar esa diversidad que constituye la riqueza de nuestro planeta!

LOS ANIMALES QUE CAVAN

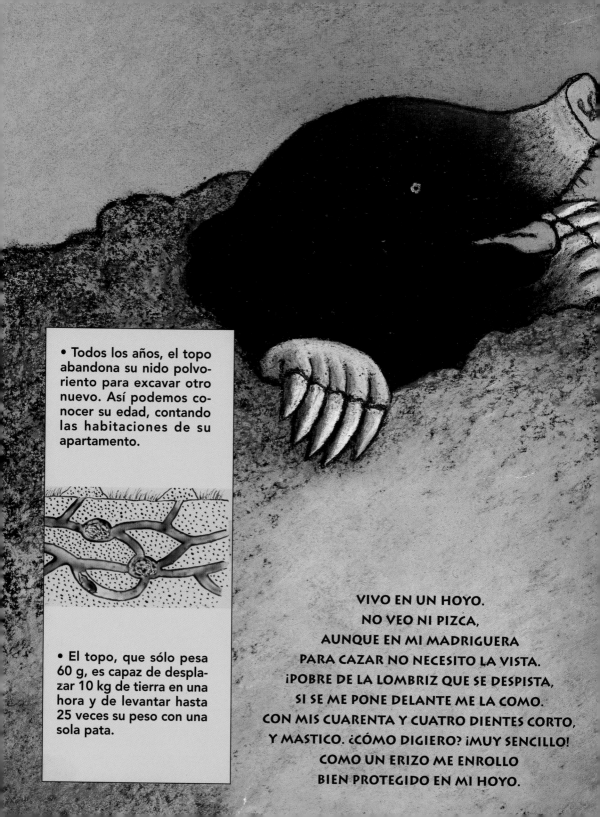

• Todos los años, el topo abandona su nido polvoriento para excavar otro nuevo. Así podemos conocer su edad, contando las habitaciones de su apartamento.

• El topo, que sólo pesa 60 g, es capaz de desplazar 10 kg de tierra en una hora y de levantar hasta 25 veces su peso con una sola pata.

VIVO EN UN HOYO.
NO VEO NI PIZCA,
AUNQUE EN MI MADRIGUERA
PARA CAZAR NO NECESITO LA VISTA.
¡POBRE DE LA LOMBRIZ QUE SE DESPISTA,
SI SE ME PONE DELANTE ME LA COMO.
CON MIS CUARENTA Y CUATRO DIENTES CORTO,
Y MASTICO. ¿CÓMO DIGIERO? ¡MUY SENCILLO!
COMO UN ERIZO ME ENROLLO
BIEN PROTEGIDO EN MI HOYO.

LA CASA DEL
TOPO

EL TOPO vive debajo de los bosques y de los prados. Para cazar, excava galerías. Crea así un verdadero laberinto, que recorre sin cesar en busca de alimentos. Su presa favorita es la lombriz*. Cuando el topo ha cavado y cazado lo suficiente, vuelve a su nido acolchado con follaje. Una vez bien instalado en él, lo cierra cuidadosamente antes de ponerse a dormir.

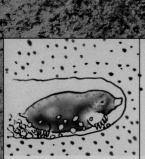

El topo excava con las patas delanteras provistas de cinco largas garras.

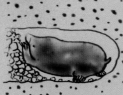

Se da la vuelta y evacua la tierra empujándola como un bulldozer.

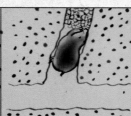

Echa los escombros por una galería vertical llamada «chimenea».

El montón de tierra expulsado se llama topera.

• Cuando un depredador* se acerca, el vigía avisa a la familia mediante unos aullidos parecidos a los ladridos de un perro. Por eso se le llama «perrito de las praderas».

• La madriguera tiene dos entradas: una a ras de tierra y otra prolongada por una chimenea. El aire fresco penetra por la primera, mientras que el aire viciado es expulsado por la segunda.

MIENTRAS LAS MAMÁS
HACEN ARRUMACOS A SUS CRÍAS,
DESDE MI ATALAYA
YO HAGO DE VIGÍA.
¡QUÉ VEO A LO LEJOS! ¡ATENCIÓN!
ALGUIEN SE ACERCA. ¿CON QUÉ INTENCIÓN?
¿ES UN NUEVO AMIGO,
O UN VIEJO ENEMIGO?
NO NOS PODEMOS ARRIESGAR,
POR ESO GRITO, LADRO COMO UN PERRO DE VERD
«¡PELIGRO EN LA PRADERA!
DE PRISA, COMPAÑEROS,
TODOS A LA MADRIGUERA!»

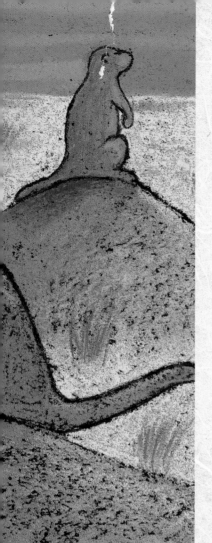

LA CASA DEL

PERRITO DE LAS PRADERAS

LOS PERRITOS DE LAS PRADERAS construyen verdaderas ciudades subterráneas. Estas ciudades, situadas en América del Norte, están formadas por barrios divididos en madrigueras familiares. En el siglo pasado, sus territorios cubrían la superficie de un país y comprendían millones de individuos. Pero este pequeño roedor, considerado perjudicial, fue diezmado por el hombre, porque causaba graves daños a los cultivos.

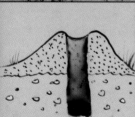

Un terraplén, a la entrada de la madriguera, protege de las inundaciones.

Montado encima, un centinela vigila los alrededores.

Un refugio permite esconderse en caso de peligro inesperado.

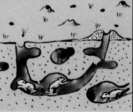

La familia pasa mucho tiempo consolidando las galerías.

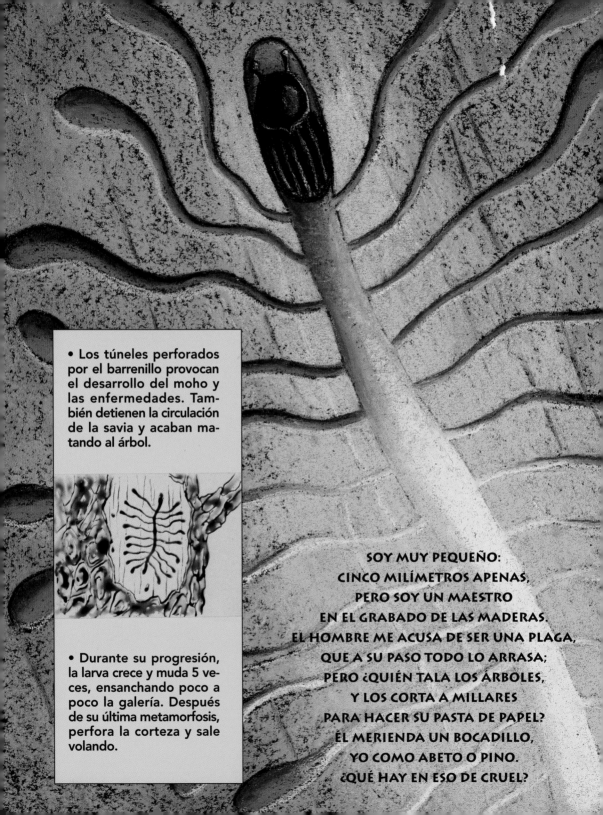

• Los túneles perforados por el barrenillo provocan el desarrollo del moho y las enfermedades. También detienen la circulación de la savia y acaban matando al árbol.

• Durante su progresión, la larva crece y muda 5 veces, ensanchando poco a poco la galería. Después de su última metamorfosis, perfora la corteza y sale volando.

SOY MUY PEQUEÑO:
CINCO MILÍMETROS APENAS,
PERO SOY UN MAESTRO
EN EL GRABADO DE LAS MADERAS.
EL HOMBRE ME ACUSA DE SER UNA PLAGA,
QUE A SU PASO TODO LO ARRASA;
PERO ¿QUIÉN TALA LOS ÁRBOLES,
Y LOS CORTA A MILLARES
PARA HACER SU PASTA DE PAPEL?
ÉL MERIENDA UN BOCADILLO,
YO COMO ABETO O PINO.
¿QUÉ HAY EN ESO DE CRUEL?

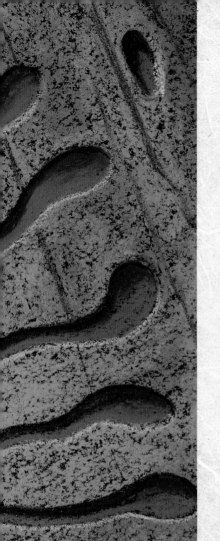

LA CASA DEL
BARRENILLO DEL PINO

EL BARRENILLO DEL PINO instala su casa en diversas especies de árboles, especialmente en los resinosos*. Este insecto se alimenta de madera. Excava por debajo de la corteza unas redes de galerías cuyo dibujo, en forma de flor o de estrella, es característico de la especie. Cuando se multiplica en un lugar, a pesar de su diminuto tamaño (unos 5 mm) el barrenillo es capaz de causar terribles estragos en los bosques.

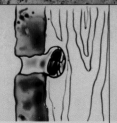

El barrenillo macho excava una habitación para acoplarse con la hembra.

Ésta prosigue con la perforación de la galería para poner allí sus huevos.

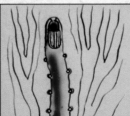

Los deposita en unas pequeñas cavidades que ha perforado.

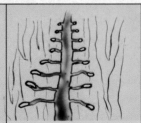

Apenas nacida, cada una de las larvas* se nutre creando su propio túnel.

EL CERDO HORMIGUERO es un nó-mada* de la sabana africana. Capaz de cavar un refugio en 5 minutos si el suelo es adecuado, cambia de casa a medida que se desplaza. Esas madrigueras aban-donadas son muy apreciadas por muchos animales que se refugian en ellas.

EL ABEJARUCO cava con el pico un pequeño agujero en el acantilado arenoso. Se agarra en él para cavar una estrecha galería de 1 o 2 m de largo, que desemboca en una cámara esférica*. Vive en colonias de unos mil individuos.

LA TUZA posee un apartamento cómodo. Una galería en forma de espiral accede a la cámara, a la despensa e incluso al aseo. A veces, los coyotes, las comadrejas o las serpientes le roban esa mag-nífica madriguera.

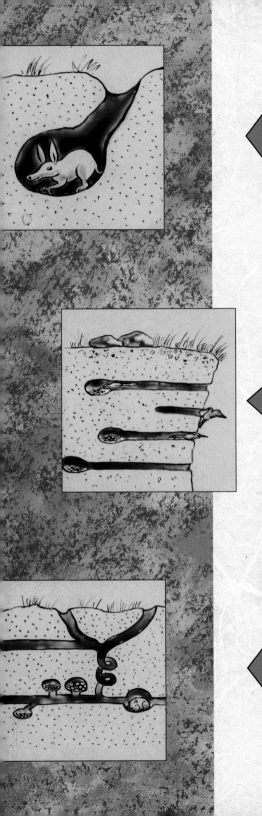

LA CASA DEL
CERDO HORMIGUERO

LA CASA DEL
ABEJARUCO

LA CASA DE
LA TUZA DE LA PLANICIE

LA MARMOTA vive en colonias en las montañas. Al llegar el frío, deja su madriguera de verano y se va a otra, más profunda, en la que pasará el invierno. Tapa las entradas con tierra y piedras e hiberna* durante 6 meses.

EL PÁJARO CARPINTERO es uno de los pocos pájaros que agujerean el árbol con el pico para construir el nido. El carpintero bellotero posee un granero: un árbol acribillado de agujeros donde almacena de 1000 a 2000 bellotas para pasar el invierno.

LA TARÁNTULA cava una madriguera que tapiza con seda. Incluso fabrica una puerta que disimula la entrada de la casa y la protege frente a los depredadores*. Esa tapa de tierra está conectada al túnel por una charnela también de seda.

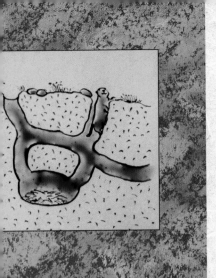

LA CASA DE LA MARMOTA

LA CASA DEL PÁJARO CARPINTERO

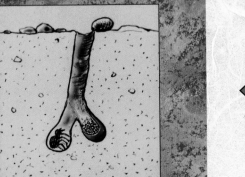

LA CASA DE LA TARÁNTULA

LOS ANIMALES
QUE TEJEN

• En otoño, la ardilla entierra las provisiones de invierno. Pero a menudo se olvida de los escondrijos y así las bellotas enterradas dan nuevos árboles.

• A veces el animal tiene prisa. Se instala entonces en el antiguo nido de una urraca o de una corneja, limitándose a hacer algunas reparaciones antes de mudarse.

MIENTRAS EL PÁJARO CANTA
Y CORRE LA COMADREJA,
YO RECOJO UNA AVELLANA.
¿QUÉ VOY A HACER CON ELLA?
¿COMÉRMELA EN SEGUIDA,
O GUARDARLA EN MI ALACENA?
PREVISORA CAVO UN HOYO
Y ALLÍ ESCONDO MI TESORO,
QUE QUEDE A BUEN RESGUARDO
DE LADRONES Y APROVECHADOS.
¡LO MÁS DIFÍCIL SERÁ HALLAR EL AGUJERO
CUANDO SEA PLENO INVIERNO!

LA CASA DE LA
ARDILLA

LA ARDILLA instala su nido en un hueco del ramaje de un árbol, cerca de la cima. Lo construye al acercarse el invierno y luego se queda en él hasta la primavera para criar a su camada. Esta sólida casa de 50 cm de altura, construida con mucho esmero, resiste a los vientos más violentos. Tiene dos entradas y una discreta salida de emergencia que le permite a la ardilla salir corriendo en caso de peligro.

La ardilla transporta ramas delgadas con la boca.

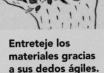

Entreteje los materiales gracias a sus dedos ágiles.

Usa ramitas para acolchar las paredes interiores.

Rellena el nido con liquen*, lana y plumas que recoge en los alrededores.

• La curruca anida de mayo a julio, el tiempo de criar 3 o 4 pajaritos. Se la oye más que se la ve, pues es muy miedosa y abandona el nido cuando se la molesta.

• Las currucas son famosas por la calidad de sus melodías. Su canto es muy complejo y están considerados entre los cantos de pájaro más elaborados.

NO SOY CONSTRUCTORA,
TAMPOCO TEJEDORA
Y MENOS AÚN ALFARERA,
QUE SOY COSTURERA,
POR HACER COMO MI MAMÁ
QUIEN ME ENSEÑÓ A COSER Y BORDAR.
PODRÍA COSER PARA LAS REINAS
LOS MÁS LIGEROS ABRIGOS DE SEDA
Y LOS MÁS BELLOS VESTIDOS DE TAFETÁN.
PERO SOY MODESTA Y CANTANDO COSO
EN LO ALTO DE UN ÁRBOL FRONDOSO
CON MI PUNTIAGUDO PICO
CON HILOS DE SEDA EL NIDO.

LA CASA DE LA
CURRUCA ZARCERILLA

LA CURRUCA ZARCERILLA, muy común en la India y en China, vive a menudo en las proximidades de las moradas humanas. Es famosa por su virtuosismo en la construcción de su nido. Une los dos lados de una hoja o varias hojas, y las cose con hilos que recoge. Utiliza hilos de seda de araña, hilo de algodón e incluso cuerda fina que busca cerca de las casas.

La curruca zarcerilla enrolla una hoja en forma de cucurucho.

Con el pico hace agujeros en los bordes de la hoja.

Une los bordes cosiéndolos con diferentes hilos.

Rellena la bolsa así formada con lana de oveja, crin o plumón.

• El nido del tejedor está suspendido en el vacío. A menudo su entrada se prolonga por un túnel que impide penetrar en la casa a las serpientes y a las mangostas*.

• Cuando la vivienda está acabada, el tejedor se pavonea delante de la entrada para atraer a una hembra. Si su obra no logra seducir a ninguna, ¡el macho la destruye y vuelve a tejer otra!

DURANTE EL PERÍODO DEL AMOR
MIS PLUMAS LUCEN CON ESPLENDOR.
TRABAJO TODO EL DÍA
CON MAÑA Y ALEGRÍA
PARA SEDUCIR A MIS AMIGAS.
TEJO UNOS NIDOS PERFECTOS
CON HILOS DE SEDA SELECTOS.
ME APLICO TRENZANDO, ENLAZANDO,
PERO NUNCA ME HARTO NI ME CANSO
COSIENDO HOJAS DE PALMERAS.
MODESTIA APARTE: ¡NADIE ME SUPERA!

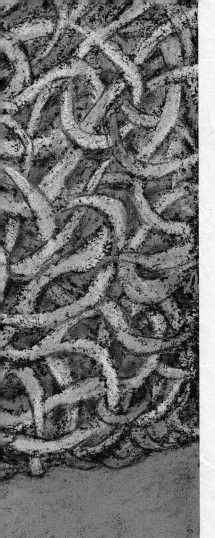

LA CASA DEL
TEJEDOR

EL TEJEDOR lleva bien su nombre, porque su casa es una auténtica obra de tejedor*. Su nido parece una bolsa o una botella invertida, en la que el largo cuello sería la entrada. Está hecho con hierbas y pedazos de hojas entrelazados y atados. El tejedor utiliza fibras de maíz, de platanero o de palmera. A veces se encuentran varias docenas de nidos suspendidos en las ramas de un mismo árbol.

El tejedor macho fabrica un arco en la extremidad de una rama.

Posado en él, empieza con la construcción del tejado.

Luego teje la cámara esférica y la entrada en forma de túnel.

Finalmente, la hembra consolida el nido y lo reviste con musgo y plumón.

• El nido no tiene una entrada en concreto. Cuando el ratón espiguero sale o cuando vuelve, coloca cuidadosamente los trocitos de hoja para disimular su paso.

• Al comienzo del verano, el ratón espiguero construye su casa a ras de suelo. Pero las plantas que la sostienen crecen, por lo que, en otoño, su morada se encuentra a 50 cm del suelo.

¡SÍGUEME! ALLÍ ARRIBA
TENGO MI CASA ESCONDIDA.
ES UN LUGAR INFORMAL
PUES VIVO EN UN TRIGAL,
ENTRE ESPIGAS ENTRELAZADAS,
SIN PUERTAS NI ALDABAS.
ME SIENTO A MIS ANCHAS
EN MI NIDO DE HIERBAS.
ENTRO Y SALGO CUANDO QUIERO,
CALLADITO Y TAN DISCRETO,
QUE NADIE SE FIJA EN MÍ.

LA CASA DEL
RATÓN ESPIGUERO

EL RATÓN ESPIGUERO vive en el heno o entre los juncos que la hembra entrelaza para tejer un sólido nido esférico*. Esta casa, bien integrada en el entorno casi no se puede ver. Protegerá la docena de crías contra las comadrejas y los búhos. El macho construye otros nidos menos resistentes que sirven de cámaras de reposo. En invierno, este pequeño roedor se refugia en un hoyo bajo tierra.

El ratón deshilacha las hierbas de arriba abajo.

Se mantiene en equilibrio gracias a su cola prensil*.

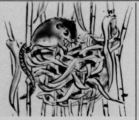

Trenza las finas tiras de hierbas sobre los tallos de las plantas.

Cuando está el nido acabado, lo tapiza con residuos y pelusas vegetales.

LA OROPÉNDOLA hembra confecciona un nido profundo, en forma de hamaca que suspende en lo alto de un árbol. Enrolla una larga fibra alrededor de la horquilla de una rama, después trenza sobre aquella trama* briznas de musgo, de hierba y de lana.

EL COLIBRÍ fabrica el nido más pequeño del mundo (2,5 cm de ancho). Este frágil «dedal» reposa simplemente sobre una rama. Hecho de polen, liquen* y helecho, está reforzado con hilo de araña y forrado con una delicada pelusa.

EL PÁJARO MOSCÓN macho enmaraña fibras alrededor de una rama de sauce o de un álamo temblón*, sobre el cual teje unos tabiques mullidos y resistentes. Después la hembra rellena el interior del nido con un espeso colchón de pelusa vegetal, de una comodidad sin igual.

LA CASA DE LA
OROPÉNDOLA

LA CASA DEL
COLIBRÍ

LA CASA DEL
PÁJARO MOSCÓN

LOS ANIMALES
QUE SECRETAN

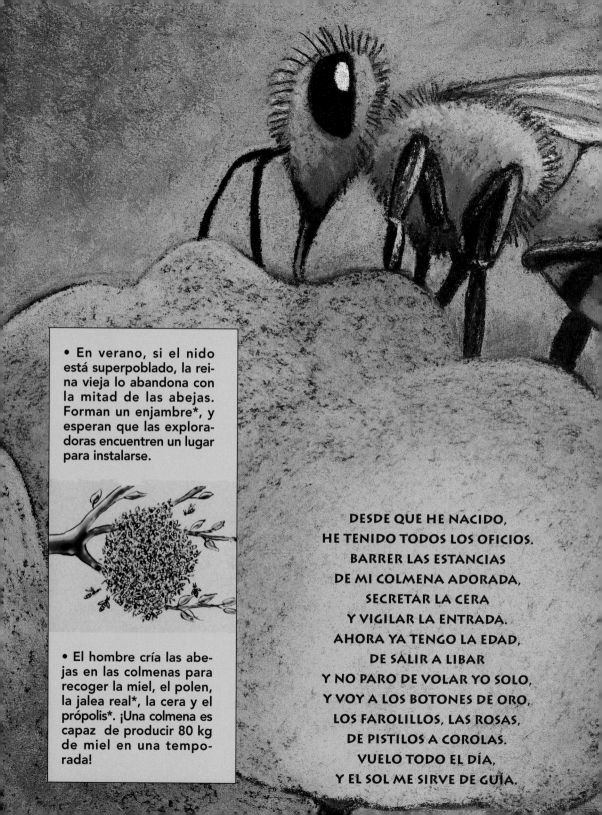

• En verano, si el nido está superpoblado, la reina vieja lo abandona con la mitad de las abejas. Forman un enjambre*, y esperan que las exploradoras encuentren un lugar para instalarse.

• El hombre cría las abejas en las colmenas para recoger la miel, el polen, la jalea real*, la cera y el própolis*. ¡Una colmena es capaz de producir 80 kg de miel en una temporada!

DESDE QUE HE NACIDO,
HE TENIDO TODOS LOS OFICIOS.
BARRER LAS ESTANCIAS
DE MI COLMENA ADORADA,
SECRETAR LA CERA
Y VIGILAR LA ENTRADA.
AHORA YA TENGO LA EDAD,
DE SALIR A LIBAR
Y NO PARO DE VOLAR YO SOLO,
Y VOY A LOS BOTONES DE ORO,
LOS FAROLILLOS, LAS ROSAS,
DE PISTILOS A COROLAS.
VUELO TODO EL DÍA,
Y EL SOL ME SIRVE DE GUÍA.

LA CASA DE LA
ABEJA

LAS ABEJAS, en su estado salvaje, se instalan a menudo en el tronco hueco de un árbol. Su nido esta formado por una multitud de celdillas hexagonales*, hechas de cera* secretada* por el abdomen*. La obrera* puede modelar millares de ellas en un solo día. Esos alvéolos*, pegados unos con otros, sirven para almacenar la miel que las abejas han fabricado, el polen* que han recolectado, y para criar las larvas* puestas por la reina.

Cuando nace, la obrera* limpia las celdillas.

Con una semana de edad, fabrica la miel con la que alimenta las larvas*.

Los siguientes 15 días trabaja de guardiana, albañil y ventiladora.

Después se convierte en libadora hasta que muere, a la edad de 6 semanas.

• Los nidos de vencejos, o «nidos de golondrinas» hacen las delicias de los aficionados a la cocina china. Hay hombres que escalan las abruptas paredes de las grutas subterráneas para recogerlos.

• El vencejo posee en la garganta unas glándulas salivales* muy desarrolladas. Durante la temporada de los nidos, estas glándulas se vuelven 50 veces más grandes.

HE PEGADO MI NIDO
AL FONDO DE UNA GRUTA OSCURA
PERO NO ESTOY PROTEGIDO
DE UNA DESVENTURA.
HE AQUÍ UNOS MALHECHORES
SUBIDOS SOBRE BAMBÚS.
¡LADRONES, LADRONES!
SE LLEVAN MI NIDO
A ORILLAS LEJANAS
DONDE SERÁ SERVIDO
COMO UNA SOPA LIVIANA.

LA CASA DEL
VENCEJO

EL VENCEJO no necesita casa. Como la golondrina, un ave de la misma familia, el vencejo pasa la mayor parte del tiempo en el cielo. Come, duerme y se aparea en el aire. Pero para empollar los huevos, no tiene más remedio que volver a tierra. Una especie del sureste de Asia tiene la particularidad de crear su nido únicamente con su propia saliva. Lo pega sobre la pared de una caverna, a más de 100 m de altura.

Sin dejar de volar, el vencejo deposita saliva en la pared.

La saliva se endurece rápidamente, formando poco a poco un murete.

Cuando por fin el pájaro logra agarrarse en el borde, puede trabajar más deprisa.

Una vez acabado, el nido se parece a un cuenco de un blanco opaco.

• ¡Hasta teléfono tiene la araña! Tiende un «hilo de escucha» y se oculta fuera de su red. Cuando un insecto queda atrapado en la trampa, el hilo se mueve...

... y entonces la araña se abalanza sobre su presa y la paraliza. Después se deleita con esta sabrosa comida rica en proteínas* ¡o la guarda para darse un festín más tarde!

LANZO UN HILO AL VIENTO,
Y CIENTOS DE FILAMENTOS
TEJO CON PACIENCIA
LO QUE SERÁ MI CASA DE SEDA.
EN ESTA HAMACA INOCENTE
ESPERO AL INSECTO IMPRUDENTE,
MINUTOS, HORAS PASO ESCONDIDA,
A VECES INCLUSO PASO DÍAS,
HASTA QUE EL TIMBRE ME AVISA
QUE TENGO VISITA.
ESPERO QUE SEA UNA ABEJA
QUE IRÁ A PARAR A MI DESPENSA.

LA CASA DE LA
ARAÑA

LA ARAÑA vive en nuestros jardines y en nuestras casas. Teje su famosa red en forma de blanco de tiro, con un hilo de seda secretado* por las glándulas de su abdomen. Este hilo sirve también para envolver sus presas, tejer un capullo* para los huevos, delimitar su territorio o desplazarse… Las jóvenes arañas trabajan con más esmero que las viejas, que tienden a descuidar su labor.

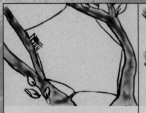

La araña fabrica en primer lugar un marco con un hilo muy resistente.

Después empieza a tender los rayos siguiendo un orden preciso.

Luego teje una espiral partiendo del centro.

Algunos hilos de la tela son pegajosos para atrapar a los insectos.

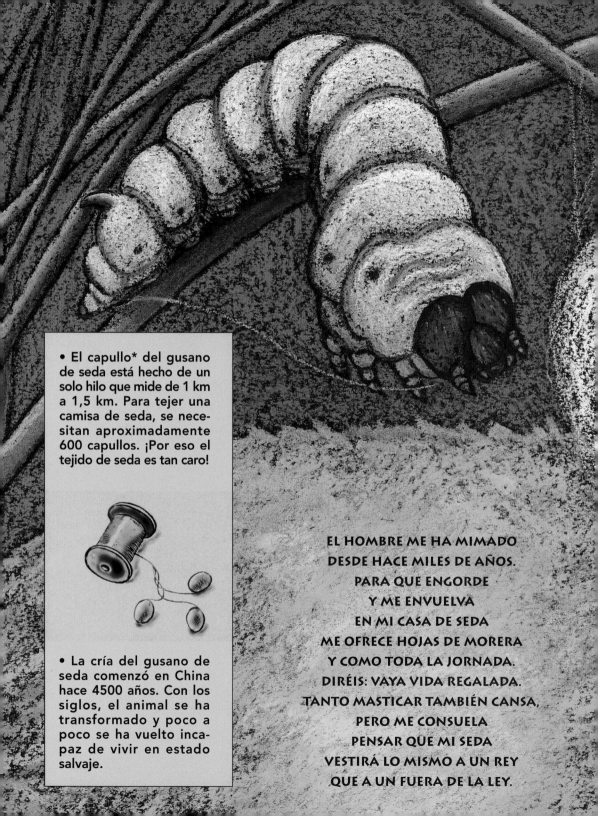

• El capullo* del gusano de seda está hecho de un solo hilo que mide de 1 km a 1,5 km. Para tejer una camisa de seda, se necesitan aproximadamente 600 capullos. ¡Por eso el tejido de seda es tan caro!

• La cría del gusano de seda comenzó en China hace 4500 años. Con los siglos, el animal se ha transformado y poco a poco se ha vuelto incapaz de vivir en estado salvaje.

EL HOMBRE ME HA MIMADO
DESDE HACE MILES DE AÑOS.
PARA QUE ENGORDE
Y ME ENVUELVA
EN MI CASA DE SEDA
ME OFRECE HOJAS DE MORERA
Y COMO TODA LA JORNADA.
DIRÉIS: VAYA VIDA REGALADA.
TANTO MASTICAR TAMBIÉN CANSA,
PERO ME CONSUELA
PENSAR QUE MI SEDA
VESTIRÁ LO MISMO A UN REY
QUE A UN FUERA DE LA LEY.

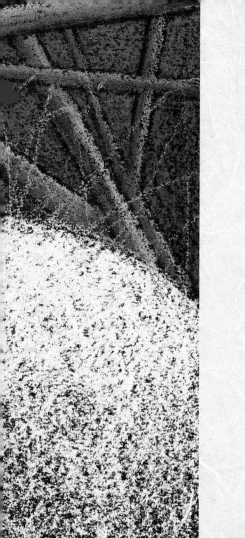

LA CASA DEL
GUSANO DE SEDA

EL GUSANO DE SEDA es cultivado por el hombre por el hilo de gran calidad que produce. Durante 40 días, la oruga consume una enorme cantidad de hojas de morera. Engorda hasta pesar diez mil veces su peso de cuando nació. Toda esa comida almacenada le permite luego tejer el famoso hilo, un capullo* que le protegerá durante su metamorfosis* en mariposa.

La oruga trepa hasta una rama de brezo y se agarra a ella.

Por un vaivén de la cabeza, teje un hilo de seda alrededor de ella.

Protegida en este capullo* se va a transformar en crisálida*.

Catorce días más tarde, sale una mariposa blanca de entre la seda.

LA RANA VOLADORA segrega albúmina* que bate con sus patas posteriores hasta obtener una espuma con la que formará su nido. Éste se endurece por fuera, mientras que por dentro sigue líquido. Los huevos eclosionarán en este «acuario» suspendido entre el follaje.

LAS HORMIGAS OECOPHYLLAS forman su nido con hojas que unen gracias a una secreción de sus larvas*. En efecto, éstas, estimuladas por las obreras*, producen la seda que pega las hojas entre sí.

EL PEZ-LORO secreta* una burbuja de baba que lo envuelve como un saco de dormir. Necesita media hora para confeccionarla cada noche y otro tanto para salir de ella por la mañana. Se cree que lo hace para protegerse de sus depredadores*.

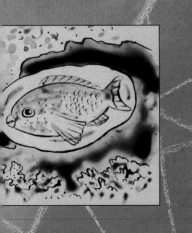

LA CASA DE LA
RANA VOLADORA

LA CASA DE LA
HORMIGA

LA CASA DEL
PEZ-LORO

LOS ANIMALES
QUE RECOGEN

- Para mantener la temperatura ideal de 25 °C, las hormigas obstruyen las entradas del hormiguero cuando hace frío y crean aperturas para ventilar cuando hace demasiado calor.

- En invierno, después de haber cerrado las entradas del nido para evitar pérdidas de calor, las hormigas viven a ritmo lento en las cámaras más profundas.

HORMIGUEROS CONSTRUIMOS
DESDE HACE SIGLOS
CON AGUJAS DE PINOS.
MOVEMOS LAS MANDÍBULAS SIN CESAR
PARA RECOGER EL ALIMENTO
Y NO HAY TIEMPO PARA DESCANSAR
NI SIQUIERA UN MOMENTO.
MIENTRAS NOSOTRAS, LAS OBRERAS,
NUESTRAS CÁMARAS DEFENDEMOS,
EN EL FONDO DEL NIDO SE ENCIERRA
NUESTRA REINA PARA PONER LOS HUEVOS.

LA CASA DE LA
HORMIGA ROJA

LAS HORMIGAS ROJAS viven en sociedad, bajo una cúpula* construida con agujas de pino, ramitas y tierra: es el hormiguero. En este nido, a menudo construido sobre un viejo tocón de árbol, las obreras* han excavado muchas galerías y cámaras. Algunas salas sirven de despensas, otras de guarderías en las que se cuidan los huevos y las larvas*. La más profunda de esas bolsas está reservada para la reina que se pasa la vida poniendo huevos.

Esta guardiana defiende el hormiguero proyectando ácido fórmico*.

Estas obreras* reparan el nido, otras limpian la galería.

Esta hormiga cría pulgones para recoger su jugo azucarado.

En la casa, las nodrizas cuidan de los huevos y de las larvas*.

• En primavera, la pareja de águilas se reencuentra. Para celebrarlo, el macho y la hembra ejecutan espectaculares acrobacias aéreas, sujetándose con las garras.

• Las águilas poseen varios nidos. Cambian de nido de un año para otro, si les conviene: en caso de peligro, por ejemplo, o de escasez de comida.

ANTAÑO, ENTRE LAS TRIBUS INDIAS
YO ERA EL SÍMBOLO DEL CORAJE
Y LOS GUERREROS APACHES
SE ADORNABAN CON MI PLUMAJE.
DE MÍ SE HA DICHO
QUE SOY UN MAL BICHO,
QUE SI SOY MUY PELIGROSA,
QUE SI SOY UNA LADRONA...
SÓLO SOY UNA RAPAZ
Y NO SOY TAN FEROZ.
ESO SÍ, COMER CONEJO
ME GUSTA MUCHO,
Y SOLO ATACO UN CORDERO
SI ESTÁ MORIBUNDO.

LA CASA DEL
ÁGUILA REAL

EL ÁGUILA REAL anida generalmente en las regiones montañosas, sobre la cornisa de una pared rocosa, o algunas veces, en un árbol. Necesita un territorio de caza lo bastante extendido (de 100 a 200 km^2) para cazar las presas que necesita para sobrevivir. El mismo nido puede estar ocupado y consolidado por varias generaciones de águilas. Alcanza entonces hasta 5 m de altura, 3 m de diámetro y pesa a veces ¡hasta 2 toneladas!

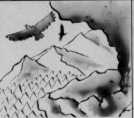

La pareja de águilas forma su nido, también llamado aguilera*, en el saliente de una roca.

Recoge ramas en el suelo y en los árboles de alrededor.

Las amontona toscamente en el sitio escogido.

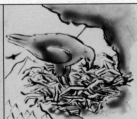

Tapiza la parte hueca del nido con liquen*, ramitas y hierba seca.

• El nido de la cigüeña es una construcción maciza. Al cabo de 5 o 6 años de ocupación o de reparaciones, ¡el nido puede llegar a alcanzar 2 m de altura por 2 m de diámetro y puede pesar unos 500 kg!

• Ya a partir de febrero, las cigüeñas macho vuelven a Europa. Las mayores reparan el viejo nido, mientras que las jóvenes construyen uno nuevo. Poco después llegan las hembras.

COMO NO ME GUSTA PASAR FRÍO
ANTES DEL INVIERNO EMIGRO
A PAÍSES MÁS CÁLIDOS.
ME DEJO LLEVAR POR LAS CORRIENTES
QUE ME ELEVAN CUANDO SON CALIENTES
Y ME DESPLAZO SIN ESFUERZO.
DURANTE EL DÍA VUELO Y VUELO,
Y POR LA NOCHE ME POSO EN EL SUELO.
CUANDO LLEGO AL LUGAR DE INVERNADA
EN LA SABANA AFRICANA,
ME DOY UNA COMILONA
DE GRILLOS Y LANGOSTAS.

LA CASA DE LA
CIGÜEÑA

LA CIGÜEÑA vive en la cima de los árboles o sobre los postes eléctricos. Pero sobre todo se la conoce por sus nidos construidos en lo alto de las chimeneas y campanarios. En Europa del Este, desde la Edad Media se considera que este animal trae buena suerte. Por eso, en los pueblos hay tejados especialmente provistos de soportes para acogerlo. La cigüeña es muy fiel a su nido y lo vuelve a ocupar al volver de su migración* africana.

El nido de la cigüeña consiste en un montón de ramas enredadas.

Cada año lo consolida añadiendo nuevas ramas.

Las cigüeñas airean el nido y ablandan el fondo dando picotazos.

El nido está tapizado de paja, de plumas, de musgo y hasta de trapos.

• El capulinero satinado fabrica su pintura con el jugo coloreado de ciertas bayas y carbón vegetal, ambas cosas diluidas con saliva. Tiene preferencia por el color azul.

• Cuando esta ave deja un objeto cerca de su obra, se aleja unos pasos, como un pintor apreciando su pintura. Entonces lo va desplazando hasta que encuentra el lugar que más le satisface.

DICEN QUE TENGO TALENTO
PERO ES ARTE LO QUE TENGO.
A VECES ESTOY INSPIRADO
Y ADORNO DE AZUL COBALTO
LAS PAREDES DE MI ENRAMADA
DONDE INVITO A MI AMADA.
DISPONGO SIN CESAR
OBJETOS DE COLORES
A LOS PIES DE MI PRINCESA
PARA DEMOSTRARLE MIS AMORES.
SI SOY TAN ROMÁNTICO,
Y AMANTE DEL ARTE PLÁSTICO
ES QUE ME QUIERO APAREAR
PARA SER PRONTO PAPÁ.

LA CASA DEL
CAPULINERO SATINADO

EL CAPULINERO SATINADO macho construye un edificio sofisticado, que no está destinado ni a criar ni a proteger las crías. Esta verdadera obra de arte tiene un solo fin: seducir a su pareja. La atrae gracias a diversos objetos que ha recogido (plumas, pinzas de la ropa, caparazones, trozos de vidrio o de plástico...). Después del apareamiento, la hembra construye sola un nido muy sencillo sobre un árbol cercano. También cuidará ella sola de los polluelos.

El capulinero satinado eleva dos paredes paralelas hechas de ramitas.

Prepara un área de parada nupcial alrededor de esta enramada.

Emprende la decoración mediante objetos de vivos colores.

Pinta su obra sirviéndose de una hoja o de una corteza fibrosa.

• El castor derriba los árboles gracias a sus cuatro incisivos* muy afilados. Roe los troncos pequeños en pocos segundos, mientras que para un árbol más grande tardará un día entero.

• Cuando el nivel del río sube y su choza corre el peligro de ser inundada, el castor excava unos canales para evacuar el agua. ¡Es un auténtico trabajo de ingeniería!

SOBRE UNA ISLA
EN MEDIO DEL RÍO
DUERMO PARA ESTAR TRANQUILO
LEJOS DEL ACOSO
DE LOS LOBOS Y LOS OSOS.
COMO UN LEÑADOR
CORTO LOS TRONCOS,
PERO YO USO LOS DIENTES,
MENUDA LABOR.
CONSTRUYO DIQUES, PRESAS,
CANALES Y OBRAS DE ESAS,
PERO YO PREFIERO MI CABAÑA
DE AGUA RODEADA
DONDE MI FAMILIA ME ESPERA
SOBRE LAS VIRUTAS DE MADERA.

LA CASA DEL
CASTOR

EL CASTOR amontona en el fondo del agua, troncos, ramas, piedras y lodo para construir su choza. Forma un montículo en el cual hace su nido. Por su seguridad, el castor excava unas entradas sumergidas*. Esos túneles conducen a una cámara seca, cubierta de virutas de madera. Cuando el nivel del río baja, el castor construye una presa para que su cabaña esté siempre rodeada de agua.

El castor corta los troncos que después clava en el río.

Reparte ramas y piedras en el sentido opuesto.

Obstruye los agujeros con barro y residuos vegetales.

El agua, retenida por el dique, disimula las entradas de la choza.

EL AVE MARTILLO construye como nido una enorme bola de ramas y de barro sobre la horcadura de un árbol. Esta ciudadela pesa unos 100 kg, mide 1,50 m de envergadura y tiene una única pequeña cámara de 30 cm de diámetro.

EL ESPINOSO MACHO hace un hoyo en el suelo arenoso. Construye un nido en forma de túnel, con algas y residuos de plantas que consolida segregando* una especie de pegamento filamentoso*. Después hace guardia hasta la eclosión de los huevos.

LOS TEJEDORES REPUBLICANOS edifican un gran nido colectivo parecido a un tejado de bálago*. En el interior de este «inmueble» de briznas de paja, viven hasta 150 parejas. La construcción es tan imponente que a veces rompe la rama que la soporta.

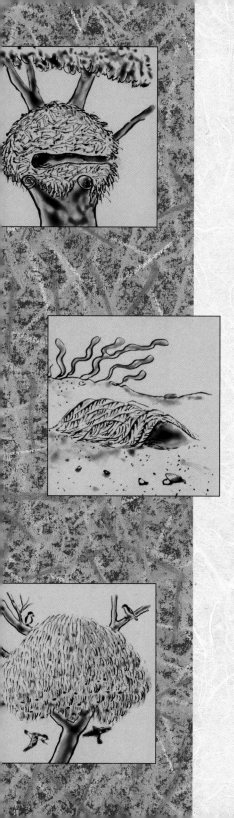

LA CASA DEL
AVE MARTILLO

LA CASA DEL
ESPINOSO

LA CASA DEL
TEJEDOR REPUBLICANO

LOS ANIMALES
QUE CONSTRUYEN

• A finales de agosto, las golondrinas se reúnen sobre los cables eléctricos. Es el anuncio de su migración* hacia África. Este viaje agotador dura un poco más de un mes.

• A la golondrina le gustan las granjas. Encuentra crin de caballos en los alambres de púas, plumas en el gallinero, y en el establo la paja y el calor del ganado.

AL LLEGAR LA PRIMAVERA,
HAGO JORNADA COMPLETA.
DEL ESTABLO AL CORRAL
VOY Y VENGO SIN PARAR.
COMO UN ALBAÑIL, POQUITO A POQUITO,
CONSTRUYO Y ARREGLO MI NIDO.
RECOJO CRIN Y BRIZNAS DE HENO,
PELOS DE GATO Y PELOS DE PERRO,
PARA HACER UNA ALFOMBRA
PARA QUE LA CASA SEA CÓMODA,
YA QUE PRONTO AUMENTARÁ LA FAMILIA.
AHORA ME INSTALO CON MI PAREJA,
DESPUÉS CRIAR LA CHIQUILLERÍA
Y EN OTOÑO HACER LA MALETA.

LA CASA DE LA
GOLONDRINA

LA GOLONDRINA vive en nuestras regiones de la primavera al otoño. A menudo construye su nido bajo una viga o una ventana en el establo. Al final del verano, hace un largo viaje hacia el sol de los trópicos*. Allí, la golondrina no construye ninguna casa y vive sin ataduras. Pero, en cuanto vuelve, reencuentra su antiguo nido y lo consolida. Se queda en él para poner los huevos y luego criar a la nidada.

Con el pico, la golondrina recoge barro y paja.

Forma unas bolitas que junta como ladrillos.

Imprime la forma de su vientre en este cemento todavía blando.

Teje una alfombra y hace un edredón de plumas blancas.

• La cálida y húmeda atmósfera del termitero es necesaria para la supervivencia de sus habitantes. Un ingenioso sistema de ventilación en espiral refresca y renueva el aire.

• Las termitas se nutren esencialmente de madera. Cultivan unos hongos para comerlos, pues éstos ayudan a digerir la celulosa*.

NUESTRO TERMITERO
ES NUESTRO ORGULLO.
SUS TORRES VERTICALES,
COMO LAS CATEDRALES,
SE ALZAN HACIA EL CIELO
EN BUSCA DE AIRE PURO.
¡LA CASA TIENE MAJESTUOSIDAD,
ESTÁ HECHA PARA LA ETERNIDAD!
EN NUESTRO REINO NADA SE DESPERDICIA
NO EXISTE LA BASURA, TODO SE RECICLA,
PUES HASTA EL EXCREMENTO
NOS SIRVE DE CEMENTO.

LA CASA DE LA
TERMITA

LAS TERMITAS construyen el edificio más grande realizado por insectos. ¡Un termitero puede alcanzar 18 m de altura y pesar 12 toneladas! Los muros de este edificio están construidos con una mezcla de tierra y de excrementos*. Son tan sólidos que se puede subir encima de ellos. El interior está compuesto por innumerables celdas pequeñas conectadas por una red de galerías que pueden contener millones de individuos.

El rey y la reina pasan su larga vida en la cámara real.

Unas salas abovedadas albergan jardines de hongos.

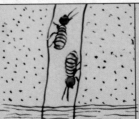

Los obreros extraen el agua de profundas capas subterráneas.

Si una termita tuviera el tamaño de un humano, ¡su casa tendría 1,5 km de altura!

• Cuando la lluvia ha dejado la tierra más blanda, el macho y la hembra empiezan a construir su hogar, que servirá una sola vez. Necesitarán de 1500 a 2500 bolitas para acabarlo.

• El nido aguanta mal las fuertes lluvias. Por eso, el pájaro a veces mezcla la arcilla con bosta de vaca y estiércol que aumentan su resistencia.

SI VIAJAS A LA PAMPA ALGÚN DÍA,
VEN A VERME, TE ENCANTARÍA.
VIVO EN MEDIO DEL PRADO,
MI CASA ES UN PALACIO,
Y AUNQUE UN IGLÚ PARECE
NO POR ESO DESMERECE.
LO VERÁS ENCIMA DE UNA VALLA,
HECHO DE BARRO Y PAJA.
SI NO LO VES, PREGUNTA A ALGÚN PAMPERO
DÓNDE ESTÁ LA CASA DEL HORNERO

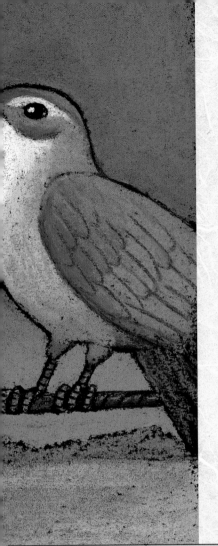

LA CASA DEL
HORNERO

EL HORNERO vive en las pampas* de América del Sur. Construye su nido con una mezcla de arcilla y de paja en unos 18 días. A menudo escoge las estacas de una valla o los postes para instalarse. Su casa se compone de una cámara a la que se accede por un pasillo acodado. Este procedimiento evita que el viento penetre en el interior. El hornero se llama así por la forma de su nido, que recuerda a un horno de pan tradicional.

El hornero aglutina unas bolitas y forma un círculo sobre un soporte.

Las amontona para dar al nido la forma de un pasamontañas.

En ese punto, el ave estrecha la apertura y construye la pared del pasillo.

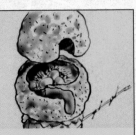

Tapiza el interior con briznas de hierba, donde pondrá 3 o 4 huevos.

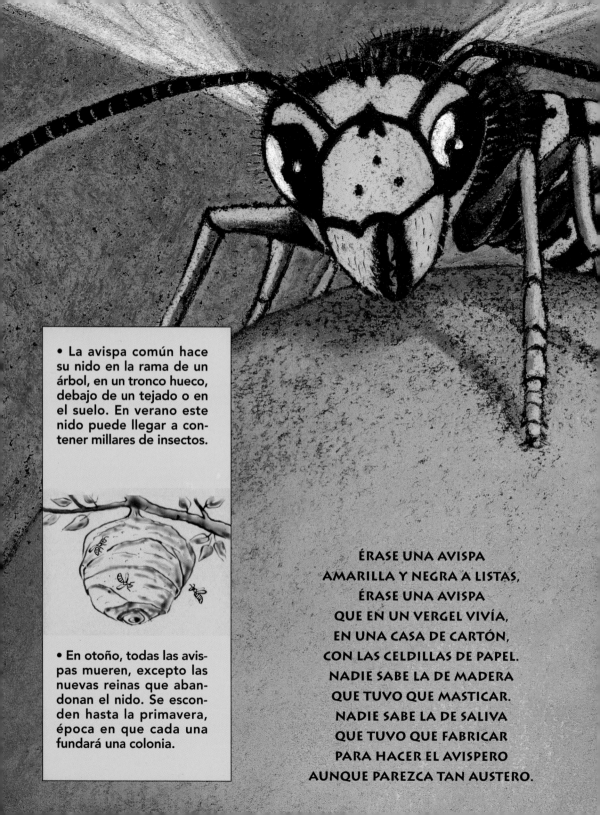

• La avispa común hace su nido en la rama de un árbol, en un tronco hueco, debajo de un tejado o en el suelo. En verano este nido puede llegar a contener millares de insectos.

• En otoño, todas las avispas mueren, excepto las nuevas reinas que abandonan el nido. Se esconden hasta la primavera, época en que cada una fundará una colonia.

ÉRASE UNA AVISPA
AMARILLA Y NEGRA A LISTAS,
ÉRASE UNA AVISPA
QUE EN UN VERGEL VIVÍA,
EN UNA CASA DE CARTÓN,
CON LAS CELDILLAS DE PAPEL.
NADIE SABE LA DE MADERA
QUE TUVO QUE MASTICAR.
NADIE SABE LA DE SALIVA
QUE TUVO QUE FABRICAR
PARA HACER EL AVISPERO
AUNQUE PAREZCA TAN AUSTERO.

LA CASA DE LA
AVISPA

LA AVISPA COMÚN sin duda fue el origen de la invención de la pasta de papel. Mastica la madera, la empapa de saliva y fabrica una especie de cartón con el que realiza su casa: el avispero. Éste está constituido por celdillas hexagonales* que se abren hacia abajo, formando pisos horizontales y paralelos. El conjunto está protegido por una envoltura aislante de varias capas. En la parte inferior hay un pequeño agujero que sirve de entrada.

La reina edifica algunos alvéolos* para poner sus huevos.

Tan pronto como nacen, las jóvenes obreras construyen más celdas.

Desarrollan el nido creando nuevos pisos.

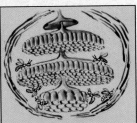

Reciclan las paredes interiores para agrandar la pared exterior.

- Y ¿dónde vives tú?
¿Vives en un iglú, en
un hoyo, o en un piso?
¿Es tu casa de ladrillo,
o es de madera tu nido?

- Dibuja en esta página
cómo ves tu casa.

LA CASA DEL
SER HUMANO

EL SER HUMANO construye casas de ladrillos y de cemento, chalets de madera y de piedra, chozas de adobe* e incluso casas de hielo: los iglús del Polo Norte. Algunos humanos suelen dejar su domicilio durante el verano para migrar* hacia el sol. Se reúnen en familia, viviendo en caravanas o en tiendas de campaña, en unos terrenos con árboles y sombra llamados «campings».

Para construir la casa, primero el albañil construye los muros.

Después el tejador hace el tejado y coloca las tejas.

El carpintero coloca las puertas, las ventanas y los postigos.

Por último, el fontanero y el electricista instalan el agua y la electricidad.

▶ LÉXICO

ABDOMEN: en el insecto, la parte posterior de su cuerpo.

ÁCIDO FÓRMICO: líquido irritante.

ADOBE: masa de paja y barro que se emplea para hacer muros o paredes.

AGUILERA: nido del águila.

ALBÚMINA: sustancia viscosa, animal o vegetal, contenida, por ejemplo, en la clara de huevo.

ALVÉOLOS: celdas que componen el panal de abejas.

BÁLAGO: en un cereal, paja larga que queda después de quitar la espiga.

CAPULLO: envoltura protectora de algunos insectos.

CELULOSA: sustancia contenida en las células vegetales, en particular en las de la madera.

CERA: sustancia blanda, de color amarillo, producida por las abejas.

CRISÁLIDA: envoltura que protege la larva de los lepidópteros durante su transformación en mariposa. También llamado «pupa».

CÚPULA: se dice de un tejado en forma de media esfera.

DEPREDADOR: animal que se alimenta de los animales de otra especie que caza.

DIEZMAR: causar la muerte de un gran número de personas o animales.

ENJAMBRE: multitud de abejas con su reina que salen juntas de la colmena para formar otra nueva.

ESFÉRICO: que tiene forma redonda.

EXCREMENTO: materia evacuada del cuerpo por las vías naturales, que familiarmente llamamos «caca».

FILAMENTOSO: que tiene filamentos, es decir elementos en forma de hilo.

JALEA REAL: sustancia muy nutritiva fabricada por las abejas obreras para alimentar a las larvas y a las reinas.

GLÁNDULA SALIVAL: glándula que secreta la saliva.

HEXAGONAL: se dice de una figura que tiene seis lados.

HIBERNAR/HIBERNACIÓN: estado próximo al del sueño durante los meses de invierno. La temperatura del cuerpo baja y el ritmo del corazón disminuye.

▶LÉXICO

INCISIVO: uno de los dientes cortantes situado en la parte delantera de la mandíbula.

LARVA: en el insecto, estado de desarrollo entre el nacimiento y la crisálida.

LIQUEN: vegetal que crece en el suelo, los árboles o las piedras.

LOMBRIZ: gusano que vive en la tierra.

MANGOSTA: mamífero carnívoro de pequeño tamaño que se alimenta de pequeños animales, también de serpientes.

METAMORFOSIS: estado en el que el cuerpo del animal sufre importantes transformaciones, pasando del estado de embrión a la forma adulta.

MIGRACIÓN/MIGRAR: viaje periódico de algunas especies animales.

NÓMADA: persona o animal que va de un lugar a otro sin vivir en un sitio de forma permanente.

OBRERA: tratándose de insectos, es el individuo que se encarga de la construcción y la defensa del nido, la nutrición y el cuidado de las larvas.

PAMPA: extensa llanura situada en América del Sur.

POLEN: conjunto de minúsculos granos producido por las flores.

PRENSIL: que sirve para coger o agarrar.

PRÓPOLIS: sustancia resinosa que las abejas utilizan para recubrir las paredes de la colmena.

PROTEÍNA: elemento fundamental de las células y de los organismos animales y vegetales.

RESINOSO: árbol que produce resina como el pino, el abeto...

SECRETAR/SEGREGAR: producir una sustancia.

SUMERGIR: introducir totalmente en un líquido, especialmente en agua.

TEJEDOR: obrero que teje las fibras textiles.

TRAMA: conjunto de hilos cruzados.

TEMBLÓN: que tiembla mucho. El chopo o álamo temblón es un árbol cuya hoja tiembla al menor soplo de aire.

TRÓPICOS: región del globo situada alrededor del trópico de Capricornio.

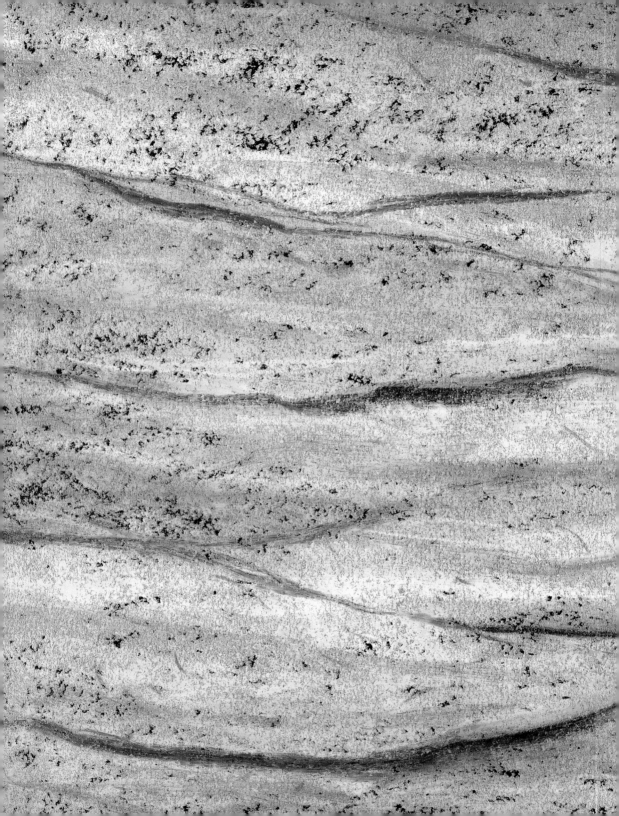